AF338865

LA
CONSTITUTION

DE

LA FRANCE

LA
CONSTITUTION

DE

LA FRANCE

SOUS LA RÉPUBLIQUE FÉDÉRATIVE

QUESTIONS DU MOMENT

PAR

A. DE LIGNEROLLES

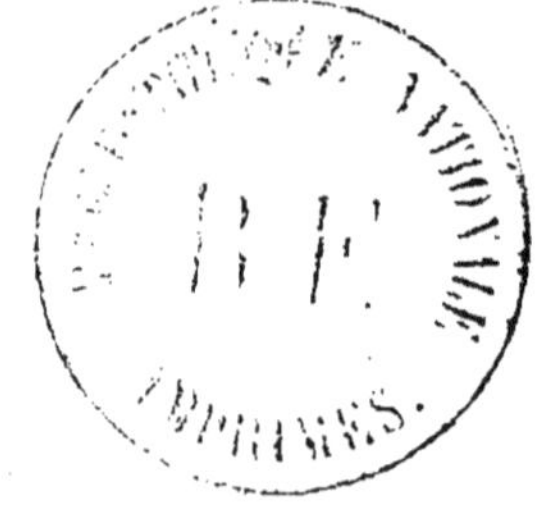

PARIS

IMPRIMERIE DE J. CLAYE

7, RUE SAINT-BENOIT, 7

1871

A

M. LE COMTE DE BRESSAC-HONDRECOURT

Avril 1871.

Mon cher ami,

Vous me demandez de livrer à la publicité mes lettres relatives aux questions politiques actuelles. Vous avez la bonté d'ajouter qu'elles pourront jeter un certain jour sur la situation ; vous faites appel pour vaincre mes répugnances à mon patriotisme ; qu'il soit donc fait selon votre désir ; mais je vous laisse la responsabilité qui peut s'attacher à une œuvre d'improvisation.

Recevez, etc.

A. de Lignerolles.

LA

CONSTITUTION DE LA FRANCE

SOUS

LA RÉPUBLIQUE FÉDÉRATIVE

PREMIÈRE LETTRE

Paris, 20 mars 1871.

Mon ami,

Un fait important dans notre histoire politique vient de s'accomplir : le gouvernement de la chambre a déclaré la guerre au parti radical, à l'occasion d'un retrait de canons.

Le sang a coulé, les troupes ont déposé les armes, le gouvernement a évacué Paris et s'est établi à Versailles. Les partis sont en présence.

Les radicaux sont seuls et ne représentent qu'eux-mêmes.

A Versailles, sont groupés légitimistes, orléanistes, impérialistes et républicains dits modérés.

La gauche de l'assemblée paraît assez indécise sur la direction qu'elle doit suivre. Cinq ou six députés ont donné leur démission.

Louis Blanc, le promoteur socialiste, a l'air très-effrayé du mouvement auquel il a contribué tant par ses écrits que par son langage.

Victor Hugo se renferme dans un deuil récent; il adresse des vers aux Parisiens, mais pas de solution.

Le comité central parisien veut fonder la commune, on parle de fédération.

Le gouvernement de Versailles organise, dit-on, une armée avec l'idée de marcher sur Paris.

On parle de conciliation.

De toute cette confusion que sortira-t-il?

Pour moi, mon ami, je pense que personne n'a le désir de se concilier : c'est bien une véritable lutte à outrance qui s'est engagée sur un terrain parfaitement révolutionnaire; qui l'emportera des idées anciennes ou des idées nouvelles? ce n'est pas le plus fort, ce sera le plus raisonnable, car entre les lutteurs il y a la France, qui restera spectatrice.

Il est bien regrettable que cette tourmente révolutionnaire s'accomplisse pendant l'occupation prussienne, ce qui pourrait compliquer les questions; mais l'impatience était grande dans les deux camps; ou se mesurait de l'œil de Paris à Bordeaux; le choc était inévitable.

Quelle sera l'issue?

Je pense que M. Thiers, que l'on dit très-rusé, va faire le siége moral de Paris; j'entends dire par là qu'il va bloquer la capitale, tout en y laissant pénétrer les vivres, avec la pensée de la faire capituler par l'ennui.

Il n'est pas possible de croire que le gouvernement de Versailles ait l'intention de faire subir à la capitale un nouveau siége régulier, et encore moins de lui infliger une prise d'assaut. M. Thiers, dont j'entends contester ici les talents politiques, est trop expérimenté sur la marche des rouages gouvernementaux pour savoir qu'un pouvoir qui prendrait pour base cent mille cadavres ne pourrait se soutenir ni par la victoire ni par la défaite.

Je vous tiendrai au courant, mon cher ami, des faits nouveaux qui se produiront, avec la plus grande impartialité, en me plaçant au point de vue des intérêts du pays et en faisant abstraction des hommes et des partis engagés.

Il est bien entendu que j'entends parler des faits politiques ; vos journaux nous feront connaître, mieux que je ne pourrais le faire, les faits de guerre.

Veuillez me croire, etc.

DEUXIÈME LETTRE.

15 avril 1871.

Mon cher ami,

J'ai tardé trois semaines à vous écrire, attendant chaque jour une solution, un programme, je vais plus loin, une idée pratique sortie du cerveau de ceux qui gouvernent nos destinées. Quel chaos, mon ami! tout le monde a perdu le sens commun. Versailles bombarde Paris devant les Prussiens spectateurs et juges des coups ; la gauche siége et se tait. La Commune s'est constituée avec des hommes que je crois remplis de bonnes intentions, mais qui n'ont pas les connaissances pratiques nécessaires pour diriger l'orage qui vient d'éclater. La Commune cherche la voie ; pendant ce temps les grands promoteurs socialistes, Henri Martin, Louis Blanc, Brisson et autres, protestent contre son existence, nient la fédération et réclament l'unité.

Versailles fait des lois.

La Commune fait son programme.

Permettez-moi de vous soumettre l'exposition de ces œuvres.

Versailles vient de faire :

Une loi électorale ;

Une loi sur les loyers;

Une loi d'échéance sur les effets en souffrance.

Le principe de la loi électorale est la nomination du conseil municipal par l'élection avec le choix des maires et des adjoints pris dans les conseils élus nommés par le président du pouvoir exécutif, dans les villes au-dessus de vingt mille âmes et dans tous les chefs-lieux des départements; ce qui veut dire dans toutes les villes de France dans le sens propre du mot ville.

Paris est placé en dehors du droit commun, les maires et adjoints sont choisis en dehors de l'élection, il existe incompatibilité complète entre l'élu et ces derniers.

Mon avis est que cette loi est impolitique; elle est trop libérale s'il s'agit de fonder une monarchie ou une république unitaire, ce qui est absolument la même chose. Je le démontrerai ultérieurement : elle n'est pas assez libérale pour une république fédérative.

La loi est provisoire, tant mieux, car elle ne subsistera pas six mois.

J'entends venir à moi les échos de Versailles parlant de décentralisation. La province aspire depuis longtemps après les libertés municipales; c'est elle qui aura le bénéfice de la fédération par la décentralisation, et c'est Paris qui se bat pour l'obtenir, malgré l'affaiblissement qui doit en résulter pour lui. Examinons donc comment toutes ces institutions sont susceptibles de fonctionner.

Qu'appelle-t-on monarchie?

Une forme de gouvernement réunissant entre les mains d'un roi les pouvoirs exécutifs. Qu'elle soit absolue ou représentative, ces mêmes pouvoirs sont toujours entre les mains du roi. Pour régner et maintenir l'ordre dans le pays, il faut que ce pouvoir soit représenté dans tous les lieux, jusqu'aux points les plus éloignés du territoire. Tous les agents représentant cette autorité doivent obéir au roi; les maires, adjoints, la force publique, la police doivent donc être nommés par lui, à peine de mettre le roi dans l'impossibilité de gouverner.

Plaçons-nous au point de vue de la république unitaire.

Qu'est-ce que la république unitaire rêvée par M. Henri Martin?

Nous répondons : C'est une impossibilité.

Nous avons pour nous l'exemple du passé. Combien de temps ont vécu les grandes républiques de l'antiquité et les républiques modernes.

Nous avons l'opinion unanime de tous les auteurs réputés maîtres dans la matière : Proudhon, Montesquieu, etc. Nous avons vu au contraire prospérer de petites républiques unitaires. Les grandes agglomérations d'hommes, les grands territoires ne comportent pas l'existence d'une république unitaire heureuse et florissante.

La démonstration en est bien simple.

Les fils reliant une ville ou un petit État sont faciles à saisir sans employer les intermédiaires. Dans les grands États, au contraire, la concentration des pouvoirs dans les mains d'un président ou d'un ministre amène toujours l'abus du pouvoir ou un relâchement. Dans l'un et l'autre cas, c'en est fait de la république, elle disparaît dans les mains d'un dictateur ou elle s'abîme dans la décadence. J'en arrive à conclure que placer la France en république unitaire c'est créer une monarchie sans le roi.

Enlever au pouvoir unitaire la nomination de ses représentants exécutifs, c'est détruire ce pouvoir et créer l'anarchie.

Les institutions républicaines sont incompatibles avec l'unité monarchique, despotique et républicaine.

Tous les pays où de semblables gouvernements ont été établis sont tombés en décadence ou en dictature.

Toutes les grandes républiques de l'antiquité périrent par l'unitarisme républicain, lorsqu'elles eurent atteint un développement tel, qu'une grande concentration de pouvoirs devint une nécessité gouvernementale.

Nous avons vu succomber en peu d'années notre république de 1792 et celle de 1848, l'une et l'autre furent absorbées par les pouvoirs unitaires réunis entre les mains des dictateurs.

Je le déclare hautement ici, le gouvernement fédératif eût rendu impossibles de pareilles spoliations.

Mais je termine, mon cher ami, cette lettre déjà trop longue. Je vous adresserai prochainement un travail que j'ai résumé sur la fédération, ainsi que mon avis sur le programme de la Commune de Paris.

Veuillez me croire, etc.

TROISIÈME LETTRE.

Paris, le 20 avril 1871.

Mon cher ami,

Les destinées s'accomplissent chaque jour, le sang coule à flots, et les distances augmentent entre les belligérants.

Je ne voudrais critiquer personne, mais je ne puis vous dissimuler l'émotion profonde que j'ai éprouvée en lisant la circulaire de M. le ministre Dufaure, et surtout en écoutant ses explications à la Chambre. Il s'est pourtant trouvé des applaudissements qui sont partis des bancs où siégent les représentants du pays.

Il a pourtant été dit en substance :

« Nous considérerons comme coupables ceux qui tenteront la conciliation entre les citoyens qui s'entre-tuent.

« Nous ferons de la conciliation quand tout le monde sera mort. »

Quel aveuglement produit la guerre civile! Voilà pourtant où nous en sommes.

Voilà des paroles que dans quelques années voudraient bien retirer de l'histoire les hommes qui les prononcent aujourd'hui, au prix de grands sacrifices.

Je ne puis passer sous silence l'injustice dont vient d'être victime notre brave commandant de Belfort, Denfert; je suis obligé de parler de ce fait, car il touche au cœur l'organisation du pouvoir militaire.

On vient de promulguer à l'armée cette singulière jurisprudence. A l'avenir celui qui sera fait prisonnier et le héros que rien n'aura pu vaincre ni abaisser pendant toute la durée de la guerre auront les mêmes honneurs, les mêmes récompenses et les mêmes droits à l'avancement.

Les promotions faites par le héros de Belfort sont repoussées, et celui qui a gardé si fièrement entre ses mains une porte de la France n'a pu faire ouvrir devant lui celle du ministre de la guerre.

Prenez-y garde, Messieurs, vous achevez la démoralisation de l'armée en établissant une semblable jurisprudence militaire; vous favorisez la reddition, l'officier saura dorénavant qu'il gagne autant à se rendre qu'à combattre, et votre décision achève de détruire ce qui restait encore debout malgré notre défaite :

Le courage et l'honneur.

Mais revenons vite, mon ami, à nos questions politiques qui sont immuables : plaignons ceux qui gouvernent, le pouvoir possède un si singulier mirage qu'il aveugle les hommes les plus distingués et les mieux intentionnés.

La Chambre a voté la loi sur les loyers. Voici la substance de la loi :

Réduction des loyers au-dessous de 600 francs, les frais de réduction supportés par la ville et par l'État, c'est-à-dire par le contribuable.

D'où il ressort que payant plus de 600 francs, non-seulement je payerai mon loyer entier, mais encore celui des autres. Le propriétaire ne perdra jamais rien.

Ce qu'il fallait faire était bien simple : se renfermer dans le droit commun ;

Invoquer le défaut de jouissance pour cause de cas fortuit ;

Nommer à l'élection dans chaque quartier quinze juges siégeant alternativement par commission de cinq membres.

Ces juges de leurs pairs, parfaitement renseignés sur les droits de chacun, faisaient payer ceux qui avaient joui de leur logement et dispensaient les autres.

Le propriétaire perdait le loyer du bijoutier, il touchait celui de l'épicier ; chacun subissait une petite perte, l'État et la ville n'étaient pas grevés ; la justice était faite et le droit respecté.

La question des échéances déjà jugée et déjugée va revenir en question.

Un des membres de la Commune a trouvé un système qui me paraît très-rationnel ; c'est, je crois, le citoyen Beslay.

Il demande par la banque de France ou par toute autre banque le remboursement triennal par coupures d'un douzième du capital en souffrance, la création d'un nombre de billets de banque représentant le capital immobilisé devant servir à solder le créancier, tout en conservant sa garantie.

Le payement des douzièmes échus se ferait en billets de banque qui seraient amortis au fur et à mesure des remboursements.

Voilà, si je ne me trompe, en substance l'économie du projet ; s'il était accepté par la Chambre, il rendrait un véritable service à l'industrie et au commerce.

J'arrive au programme communal.

Je le déclare franchement, il ne me satisfait pas.

1° Il émane de républicains et il ne contient pas l'exposé complet d'institutions réellement libérales.

Il laisse subsister tout le vieil attirail de l'impôt indirect : les octrois, les droits réunis, etc., etc.

Il a l'air de ne s'adresser qu'à une seule classe de la société.

Enfin il indique la fédération communale sans indiquer quel sera le lien de l'association, car la centralisation des pouvoirs délégués par les Communes à la Commune de Paris, ce serait encore l'unitarisme, la confusion et la perte de la patrie.

J'ai résumé dans une note ci-jointe les conditions où la fédération peut s'accomplir, et ma conviction profonde est que cette forme de gouvernement peut seule rendre à la France sa véritable grandeur.

Veuillez, etc.

QUATRIÈME LETTRE.

Paris, le 22 avril 1871.

Mon cher ami,

J'ai bien reçu les journaux que vous m'avez adressés de Chartres. Je vous avoue franchement que les circulaires de M. Thiers sont choses étonnantes pour moi. M. Thiers demande à ce que personne ne doute de sa parole, et il dit : « Je m'opposerai de toutes mes forces à la division de la France, je veux lui conserver son unité séculaire, etc., etc. » Que signifient ces paroles ? à quel enfant s'adresse donc M. Thiers ? Je le déclare en toute sincérité, il n'est pas permis à sa dignité, à son talent d'historien, à son grand âge, de tenir un pareil langage, qui pourrait faire croire non qu'il a soixante-quatorze ans, mais bien quatre siècles.

Il est loisible à un gouvernant de se tromper de route, de commettre des fautes ; il n'est pas permis de dire le contraire de ce que l'on sait jusqu'à l'évidence ; qui donc a parlé de morceler la France ? Le mot fédération signifie-t-il le partage de la France ?

La Suisse, qui réunit trois peuples dans sa fédération, de

mœurs, de langages, de religions différentes, est donc un pays divisé?

L'Amérique, guérie de la maladie de l'esclavage importée d'Europe, serait donc un pays perdu?

L'Allemagne, qui vient de nous battre par son organisation fédérale militaire, est donc un pays diminué?

Examinons sans passion la situation de l'Europe en ce moment :

Nous voyons l'Allemagne confédérée associée à la Russie et depuis quelques jours à l'Italie;

Le peuple italien, que l'attitude de Napoléon et sa politique avait obligé à la neutralité pendant notre dernière guerre, manifestait pour la France républicaine une vive sympathie. Le gouvernement actuel vient de nous faire perdre tout le terrain gagné par la question romaine remise en jeu :

L'Espagne, entre les mains d'un prince italien, a adhéré pleinement à sa manière de voir;

L'Angleterre a manifesté à la France, son alliée naturelle, des sentiments de bonne amitié; elle et les petits États veulent bien se grouper avec nous contre l'ennemi commun, mais ils redoutent la France conquérante et ils ont peur, en nous prêtant leur concours, de nous voir grandir outre mesure, envahir et dévorer nos alliés.

Il faut donc que les garanties que nous allons offrir émanent de la forme de notre gouvernement même.

La France confédérée, s'interdisant la conquête, ne peut plus être agressive, mais elle peut grouper rapidement trois millions de citoyens armés pour sa défense, ne lui coûtant pas une obole.

Dans cette condition elle trouvera des alliés et des associés, la sécurité, la grandeur.

Si je me trompe, si la France voit l'avenir comme Thiers, vite réinstallons la royauté aux Tuileries.

Pour avoir la république unitaire, c'est-à-dire la monarchie sans le roi, je préfère avoir le roi avec la monarchie.

Prenons la charte de 1830 pour constitution.

Rapportons la loi municipale afin de concentrer le pouvoir et n'attendons pas six mois pour enterrer la république, par cette combinaison nous éviterons au pays une convulsion de plus, et nous nous éteindrons peu à peu au milieu des peuples confédérés, qui grandiront autour de nous.

Nous rappellerons à M. Thiers l'opinion de Montesquieu :

« Il y a grande apparence que les hommes auraient été obligés de « vivre toujours sous le gouvernement d'un seul s'ils n'avaient imaginé « une manière de constitution qui a tous les avantages du gouvernement « républicain et la force extérieure du monarchique : je parle de la répu- « blique fédérative. »

Et plus loin :

« L'Allemagne, les ligues suisses sont considérées en Europe comme « des républiques éternelles.

« Cette sorte de république, capable de résister à la force extérieure, « peut se maintenir dans sa grandeur sans que l'intérieur se corrompe, « la forme prévient tous les inconvénients.

« Celui qui voudrait usurper ne pourrait guère être également accré- « dité dans tous les États confédérés; s'il se rendait trop puissant dans « l'un, il alarmerait tous les autres: s'il subjuguait une partie, celle qui « resterait libre encore pourrait lui résister avec des forces indépen- « dantes de celles qu'il aurait usurpées et l'accabler avant qu'il eût « achevé de s'établir.

« S'il arrive quelque sédition chez un des membres confédérés, les « autres peuvent l'apaiser; si quelques abus s'introduisent quelque part, « ils sont corrigés par les parties saines, cet État peut périr d'un côté sans « périr de l'autre. »

Voilà l'opinion d'un homme qui écrivait ces lignes à une époque où la royauté était encore de droit divin absolu; que dirait-il s'il vivait aujourd'hui?

Il faut cependant cesser de nous servir de lieux communs.

J'entends toujours le gouvernement parler de la grandeur séculaire de l'unité française.

Je reconnais volontiers avec M. Thiers que la France a pu posséder une certaine prépondérance en Europe avec l'appui de sa gloire militaire, qui crée les ennemis et les envieux. Les arts et les sciences lui ont donné une influence plus importante et plus durable. Mais à l'époque dont on parle, nos voisins étaient affligés des mêmes infirmités que nous, et borgnes nous-mêmes il nous fut permis de rayonner sur ces peuples d'aveugles.

Aujourd'hui les conditions d'existence de ces nations sont changées, elles nous ont distancés par l'instruction, par l'art militaire et surtout par leurs institutions politiques. Nous sommes des vaincus, et, à moins d'être démembrés, nous ne pouvons tomber plus bas.

Si ma voix pouvait se faire entendre aux députés de tous les partis qui siégent à Versailles, je m'adresserais à leur cœur de Français ; je leur ferais voir la profondeur du péril où la guerre civile jette le pays. Je leur ferais comprendre que nous allons mourir de cette maladie qui nous dévore et que j'appelle l'unité despotique, monarchique ou républicaine.

C'est elle qui a perdu la République de 1792 en donnant à Bonaparte les pouvoirs unitaires dictatoriaux.

C'est elle qui a tué l'Empire militaire lorsque les fils trop étendus qui le conduisaient se rompirent dans les mains de son puissant maître.

C'est elle qui a tué la Restauration. Son cortége d'obscurantisme par le droit divin est resté parmi nous seul survivant de ce grand naufrage.

C'est elle qui a tué le gouvernement de 1830, qui s'est affaissé malgré sa bourgeoisie corrompue et ses courbettes devant l'étranger. Ces deux monarchies périrent lorsque l'élément libéral eut brisé les liens du pouvoir qui les soutenaient.

C'est elle qui renversa l'Empire lorsque son chef isolé osa attaquer une nation confédérée.

, C'est encore cette fatale unité qui fit succomber la République du 4 septembre sous le poids des armes allemandes, parce que le grand corps unitaire qui s'appelle la France fut privé de sa tête qui s'appelait Paris.

Et ce corps sans tête, n'ayant aucune vie propre, ne put organiser aucune armée au milieu d'une population de trente-huit millions d'habitants. A peine fut-il possible de mettre en ligne 240,000 hommes mal équipés, mal armés et mal commandés.

Veut-on toucher la plaie avec les doigts et me permettre de citer une preuve? Un décret de la Défense nationale de Bordeaux ordonnait la création d'une batterie par cent mille habitants : soit environ deux mille six cents canons. Combien en construisit-on pendant tout le temps de la durée de la guerre? cent soixante. Pourquoi? Manquait-on de bras, d'ateliers, de fonderies? non. Manquait-on de dévouement, de patriotisme? non, mais Paris n'était plus là, et la pensée qui devait sortir chaque matin de son cerveau n'arrivait plus à la province.

Je dirai à M. Henri Martin et à ses amis : N'oubliez pas que les républiques de 1792 et de 1848 étaient mortes lorsqu'elles tombèrent entre les mains des Napoléon ; l'une et l'autre tuées par l'unité, la première en pleine décadence sous les directeurs, la deuxième transformée en monarchie.

Elles auraient été immortelles si, au lieu de notre unité, elles eussent divisé les pouvoirs dans la France entière.

Il y a en ce moment, parmi les meilleurs esprits à la Chambre, des idées unitaires qui sont susceptibles de causer au pays une catastrophe finale et fatale; je connais le patriotisme de plusieurs députés; je les adjure d'examiner avec soin ces questions vitales, afin de s'éviter bien des regrets dans l'avenir.

Ainsi donc, nous voilà aujourd'hui maîtres de nos destinées, et nous allons encore une fois retomber dans le pouvoir autoritaire, parce que les hommes que la France connaît et qui possèdent sa confiance ne lui montreront pas la voie du salut où elle doit s'engager.

Ce serait donc désorganiser la France que d'accorder à la province sa vie propre, réclamée par ses mœurs et ses coutumes?

Les hommes qui ne veulent pas voir nous diront : Mais la division par province existait autrefois, elle a été la cause des plus grands malheurs de notre pays.

En effet elle a existé, mais sous l'oppression, avec un tyran absolu qui réunissait tous les pouvoirs dans ses mains,

Avec l'oppression des nobles,

Avec l'oppression du clergé.

Tous ces pouvoirs rançonnaient, battaient, volaient le corvéable à merci; est-ce donc ainsi que nous voulons organiser la fédération? Nos adversaires savent bien que non.

Ce que nous voulons, c'est, autant que possible, la division de la France en provinces, parce que cette division est conforme à ses mœurs et à ses coutumes.

Chacune de ses provinces deviendrait un État libre dans la confédération,

Chaque État aurait son assemblée provinciale,

Ses conseils d'arrondissement,

La Commune son conseil communal,

L'assemblée provinciale aurait le pouvoir législatif, tout en respectant les lois constitutives,

Elle surveillerait la perception de l'impôt,

Elle voterait les emprunts sollicités par les communes,

Elle recevrait les commissaires fédéraux,

Elle réglerait les crédits nécessaires aux travaux publics d'intérêts provinciaux,

Elle nommerait à tous les emplois administratifs, fixerait les traitements,

Elle gérerait les biens provinciaux,

Elle pourrait dissoudre l'assemblée communale qui abuserait de son mandat.

Cette dissolution se ferait par une loi motivée, appelant les électeurs au scrutin pour nommer de nouveaux conseillers.

Cette assemblée n'aurait pas le pouvoir de convoquer les milices sur le pied de guerre sans la décision de l'assemblée fédérale, mais elle pourrait ordonner une prise d'armes pour sauvegarder l'ordre en cas de conflit ou d'invasion, sauf à prévenir dans le plus bref délai l'assemblée fédérale, qui aviserait.

Le conseil d'arrondissement :

Serait élu, comme toutes les assemblées françaises, au suffrage universel, et comme toutes les assemblées il siégerait lorsqu'il le jugerait convenable aux intérêts du pays.

Il apurerait les comptes des communes, il discuterait tous les intérêts propres à l'arrondissement et ferait connaître aux assemblées provinciales les besoins et aspirations des populations.

Les conseils municipaux auraient plein pouvoir de voter le budget de la commune, veillerait à l'organisation de l'instruction publique, ferait exécuter les règlements militaires adressés par l'assemblée fédérale. Ils seraient seuls chargés de tous les intérêts propres à la Commune.

Ils auraient exclusivement sous leurs ordres la police, etc., et, en un mot, tous les intérêts concernant la ville feraient partie de leurs attributions.

Le conseil élu, celui qui aurait réuni le plus grand nombre de voix serait nommé maire ; le deuxième, adjoint, etc. Les fonctions exécutives pourraient être également remplies par des commissions.

Voilà pour la province.

L'État de Paris, ne se composant que d'une seule ville, n'aurait qu'une seule assemblée, résumant les trois autres et en réunissant les pouvoirs.

Enfin, au-dessus de tout cela et couronnant l'édifice, l'assemblée fédérale, qui serait le lien puissant de tous les États confédérés.

L'assemblée fédérale serait élue par la France entière, elle siégerait à Paris, à moins qu'elle n'en décida autrement pour son indépendance ; elle aurait le pouvoir :

De régler l'application et l'emploi du budget fédéral ;

De s'assurer si l'impôt est régulièrement perçu ;

De veiller au payement des dettes publiques ;

D'emprunter sur le crédit de l'État ;

De régler les relations commerciales et publiques avec l'étranger.

Elle voterait les lois d'intérêt général ;

Elle ferait la paix et la guerre, organiserait les forces de terre et de mer et en réglerait l'administration par des lois ;

Elle ferait les règlements administratifs et nommerait aux emplois ;

Elle ferait exécuter ses ordres par des mandataires nommés et révoqués par elle, choisis en dehors ou dans son sein.

Les mandataires seraient assistés par une commission de contrôle choisie dans l'assemblée.

L'assemblée fédérale aurait sous sa direction :

Les télégraphes et postes ;

Le domaine de la France ;

Les douanes ;

Les travaux publics d'intérêt général ;

La cour de cassation ;

La cour des comptes ;

Les chemins de fer, voies et routes d'intérêt général ;

Elle jugerait en dernier ressort des différends entre les États et les particuliers, ou les conflits de pouvoirs provinciaux ;

Elle nommerait les ambassadeurs ;

Elle aurait seule le droit de convocation des milices ;

Elle nommerait les membres du pouvoir exécutif et les commissions pour faire le service dans l'intervalle des sessions ;

Elle serait gardienne de la constitution.

La France adopterait une constitution dont voici les bases :

Le gouvernement du pays par lui-même ;

La liberté pour tous ;

Pour les transactions, pour le droit de réunion, pour la presse;

La liberté de conscience, l'Église libre dans l'État libre;

L'abolition de toutes les entraves commerciales, des impôts vexatoires, des priviléges, des octrois, des droits réunis, cet impôt ignominieux comme la glèbe et qui nous reste depuis la féodalité;

La création d'un impôt unique proportionnel;

Le respect de la propriété, de la liberté individuelle garantie par la réorganisation des pouvoirs judiciaires nommés par l'élection;

L'instruction gratuite obligatoire et civique;

L'organisation de l'armée citoyenne.

Seraient abrogés toutes lois restrictives, les monopoles commerciaux d'imprimerie, de librairie, de courtage, les entraves apportées à la navigation, etc., etc.

Voilà, selon moi, mon cher ami, quelles doivent être les bases du nouveau gouvernement. C'est sous cette forme seulement que la province reprendra la vie qui lui est propre, et la France son influence intellectuelle dans le monde.

Veuillez, etc.

CINQUIÈME LETTRE.

Paris, 24 avril 1871.

Mon cher ami,

Vous me dites que vous êtes très-étonné de l'attitude passive de la France en présence du conflit actuel; cela n'a rien de surprenant.

La France ne connaît pas encore la cause de la lutte.

Les journaux lui représentent les deux partis sous un tel jour, qu'elle se demande si le meilleur pour elle n'est pas de les laisser s'entre-dévorer : Versailles et Paris n'ont fourni à la nation aucun programme indiquant ce qu'ils désirent fonder la Commune devait faire connaître la forme de gouvernement dont elle comptait doter la France.

Il fallait aussi faire une adresse collective groupant les intérêts de tous.

Aujourd'hui le paysan est convaincu que la Commune de Paris veut l'anéantir.

L'armée croit, et c'est ce qui la fait résolûment combattre, que Paris veut sa destruction et son expulsion. Comme dans l'ordre actuel, il y a la mise en jeu propre à trente mille officiers, ils combattent pour défendre leur existence qu'ils croient menacée.

La Commune devait donc, selon moi, rassurer tout le monde.

Aux conservateurs il fallait dire :

Nous entendons respecter vos propriétés, nous voulons seulement créer un gouvernement stable qui mettra votre fortune acquise à l'abri des révolutions périodiques qui ruinent le pays régulièrement depuis quatre-vingts ans.

Aux paysans il fallait dire :

Pourquoi considères-tu la République comme ton ennemie, tu lui dois ton affranchissement; elle seule s'est intéressée à ton sort, elle t'a créé ce que tu es : libre, possesseur de la terre où tu labourais jadis comme une bête de somme. Quelle reconnaissance dois-tu aux rois et aux empereurs : ils t'ont écrasé d'impôts, ils t'ont enlevé ton argent, tes enfants pour les faire massacrer, pour servir leur fausse gloire, pendant que le fils du riche s'exonérait avec quelques écus.

Acclame donc la République; avec elle tu auras la paix, tu garderas tes enfants, et l'instruction qu'ils recevront t'apprendra un jour à aimer celle qu'aujourd'hui tu redoutes et méconnais.

A l'armée il fallait dire :

Soldats,

Déposez ces armes qui ne doivent point servir à frapper les enfants de la patrie commune.

Bientôt vous ne supporterez plus seuls les fatigues et les périls militaires, vous allez rentrer dans la vie civile, et vous formerez le noyau autour duquel viendra se grouper la nation entière.

Officiers,

Vous serez appelés prochainement à former les cadres qui serviront à la création de l'élite de l'armée civique.

Votre avancement à l'avenir n'aura d'autre mobile que votre talent et vos capacités.

Ceux d'entre vous que des incapacités rendraient impropres au service après examen auront leur pension immédiatement liquidée et pourront rentrer dans la vie civile.

Au commerce j'aurais dit :

Je connais vos souffrances; nous allons prendre des mesures pour les alléger; patientez encore un peu, et nous fonderons ensemble un régime stable où vous pourrez prospérer sans craindre les cataclysmes de l'avenir. Les institutions commerciales, que nous allons asseoir sur une paix qui ne sera point troublée, décupleront rapidement nos relations en réparant le temps perdu.

A la suite de ces adresses j'aurais placé sous les yeux du pays l'exposition de la forme du gouvernement fédératif et sa constitution.

La France, alors rapidement convaincue, eût fait entendre sa voix et la guerre civile aurait cessé.

Quant au programme de Versailles, il est complexe; il représente quatre partis et chacun a le sien. Quant à la forme du gouvernement, elle s'appelle pour les uns 1815, pour les autres 1830, le soleil d'Austerlitz ou la république de 1848.

Quant au but, il est le même pour tous :

La création d'un gouvernement de privilégiés.

SIXIÈME LETTRE.

Paris, le 28 avril 1871.

Mon cher ami,

Vous me signalez le danger causé par l'ignorance et vous me demandez comment on pourrait empêcher le suffrage universel de faire autant de mal à notre pays.

Je ne connais pas de remède, mais un expédient honnête qui pourra peut-être vous donner satisfaction.

Le moyen utile et nécessaire devant servir à éclairer le suffrage c'est de donner de l'instruction aux masses, mais il est long, et en attendant nous pouvons mourir du mal qu'il cause.

Il faut être juste cependant et ne pas accuser légèrement les populations rurales de fautes qu'elles ne doivent pas supporter seules. J'ai vu des exemples saisissants qui établissent que certains départements français manquent complétement d'hommes politiques.

Le paysan, souvent placé dans l'alternative de nommer député un homme de parti honorable ou un républicain idiot, n'hésite pas. Rien n'est plus nuisible à la cause républicaine que les déclamations de ces énergumènes affichant bruyamment les doctrines les plus funestes, parlant à tort et à travers de partage des biens, de la défense faite au père de famille de laisser ses biens à ses enfants par voie d'hérédité et autres balivernes dont je ne veux pas me faire l'écho.

Vous serez donc de mon avis, l'instruction primaire fait défaut à l'électeur, l'instruction politique à la députation.

Je ne voudrais rien dire de blessant pour la Chambre de

Versailles; il y a parmi eux des hommes remarquables. Parmi ce nombre se trouvent les de Jouvenel, les d'Andelarre, les Martel, Bardoux, etc., etc., etc., et ils sont nombreux, mais l'immense majorité est bien peu éclairée, et, si nous en croyons certaines conversations, il existe dans les bureaux de grandes difficultés pour mettre à jour des travaux difficiles et une grande partie reste en souffrance faute d'hommes capables de les élaborer.

Il faut donc remédier au mal et appeler des hommes compétents.

Que faut-il faire?

Porter atteinte au suffrage universel, le supprimer, rétablir le cens ou le suffrage à deux degrés, c'est impossible.

Créer le suffrage des villes, il donnera un résultat bien minime, s'il n'est pas impraticable.

Ce qu'il faut faire, c'est organiser la division par catégories.

La France se compose de différentes classes de citoyens qui ont le droit de se faire représenter aux Chambres.

Sur vingt députés, il sera nommé :

3 Agriculteurs, propriétaires fonciers;

3 Filateurs, constructeurs, architectes, financiers;

3 Commerçants et patentés quelconques;

3 Magistrats, avocats, avoués;

2 Rentiers;

2 Ouvriers;

2 Artistes, gens de lettres, presse;

2 Armée.

—————
20

Vous pourriez ainsi avoir une représentation effective de toutes les branches de l'État; la Chambre ainsi composée serait compétente pour traiter toutes les matières; vous réuniriez certainement une majorité intelligente sans blesser le suffrage universel, sans lui porter atteinte. Du reste, je le répète, mon système est un expédient honnête, mais c'est un expédient.

Une petite brochure traitant la question vient de paraître à Paris sous le nom de *Loi organique du suffrage universel*. L'auteur réclame dans ses commentaires le vote public, par procuration, le vote uninominal, la création d'un grand électeur votant pour les absents, et demande que le père de famille possède autant de voix qu'il a de personnes dans sa maison.

L'auteur déduit dans un long travail les conséquences de son système qui s'écroule aussitôt qu'on l'examine.

A nos yeux il rétablit le cens et la corruption.

Il rétablit le cens en donnant la majorité aux paysans dans la maison duquel se trouvent encore les nombreuses familles, il frappe le prolétariat et le célibat, qui se trouvent, je le regrette, dans une situation déclassée, mais où existent encore le travail, l'instruction et la pensée.

C'est aux institutions sociales à modifier cet état misérable.

Du reste le célibat prendra fin avec l'établissement du divorce.

Ce qui éloigne l'homme du mariage c'est certainement l'immutabilité du lien.

Le système de M. de Montry établit la corruption par la procuration en ce sens que les électeurs pourront vendre facilement leurs voix et leurs cartes d'électeurs.

En détruisant le secret du vote, il détruit sa liberté, parce qu'il empêche le subordonné de voter contre son supérieur.

Par le vote uninominal il fait que les hommes très-connus ou très-populaires seront nommés par un nombre considérable de voix; tandis que les hommes plus modestes ou moins connus obtiendraient à peine quelques suffrages.

Il y aurait donc à la Chambre des députés élus par 200,000 voix et d'autres par 35 voix.

Cette situation créerait des inégalités choquantes; ce système ne peut pas soutenir l'examen; il tombe aussitôt qu'on l'examine; il ne corrigerait pas les difficultés que nous éprouvons, mais il les aggraverait.

Toutefois, si nous renonçons à mettre en pratique des moyens qui nous semblent périlleux, nous reconnaissons que le travail de M. de Montry est habilement déduit; il obtiendra l'approbation des amis de la famille.

Faisons des vœux, mon ami, pour voir cesser le combat terrible qui est engagé sous nos yeux. La meilleure solution, selon moi, serait une trêve de vingt jours; pendant ce temps le bon sens reprendrait le dessus, et la France se relèverait de ses épreuves et de ses malheurs.

SEPTIÈME LETTRE.

Paris, le 30 avril 1871.

Vous me demandez, mon ami, à quoi nous devons attribuer le manque d'hommes pratiques et politiques de la France?

Vous me signalez la crise sociale et vous me demandez le remède.

Je réponds :

La France a été gouvernée pendant la dernière génération par un seul homme doublé d'un conseiller. Or ni l'un ni l'autre ne possédaient le sens politique.

Pendant cette période les Chambres atrophiées n'avaient à l'ordre du jour que des discussions oiseuses et puériles, elles remaniaient le lendemain les lois promulguées la veille.

Ces Chambres étaient guidées dans cette voie par des ministres ou des conseillers d'État sans valeur politique. L'arbre qui produisait les chanceliers de l'Hospital, les Sully, les Colbert, les Carnot, etc., etc., s'était desséché, puis était mort.

Les assemblées provinciales avant peu d'années mettront

au jour rapidement des hommes capables : la France est une terre féconde qui deviendra productive au contact des institutions libérales.

La Commune vient de prendre une décision qu'elle regrettera ou plutôt qu'elle rapportera après épreuves : je veux parler de la prise de possession des ateliers abandonnés par leurs patrons.

Je critique la décision au fond, car elle attaque violemment le principe du droit de propriété, et parce que l'organisation du travail dans ces conditions est impraticable. La tutelle de l'État, de la Commune dans les affaires privées est tout ce qu'il y a de plus préjudiciable aux ouvriers, au travail, au développement industriel ; l'intervention de l'État dans les intérêts particuliers est la mort de toutes les libertés.

Le crédit, la commande, la production périssent aussitôt qu'un intermédiaire s'interpose entre les contractants.

N'en déplaise à ceux qui organisent le travail dans leurs bureaux, les questions qui s'y rattachent doivent sauvegarder tous les intérêts qui sont en jeu. Il faut aider l'ouvrier dans son émancipation, mais il faut aussi s'occuper du patron, des produits et de la concurrence des marchés, du capital et du crédit.

Nous marchons chaque jour vers l'abaissement des frontières, et le libre échange, forçant la main à l'Empire, s'est déjà implanté chez nous. Chaque jour diminuera la hauteur des barrières qui séparent les peuples ; il faut donc se préparer à la lutte, à la concurrence des marchés qui tendront à se généraliser.

Que faut-il faire pour donner satisfaction à la classe si intéressante du travailleur jusqu'à présent si malheureuse malgré l'élévation relative des salaires ?

Faut-il, comme vient de le faire la Commune, dire aux patrons : Nous nous emparons de vos usines moyennant indemnité, à dire d'experts ; nous mettons les ouvriers en sociétés coopératives; ils prennent votre place, ils marchent; ils produiront, ils trouveront le crédit, la commande, la matière première; au besoin la Commune, l'État fourniront les fonds, et tout cela marchera. Non, tout cela s'écroulera. Vous n'obtiendrez pas l'organisation que vous cherchez, vous groupez des inconnus : le capable et l'incapable, le fort et le faible, l'ordre et le désordre, l'intelligence et l'ignorance; vous n'obtiendrez pas le crédit, votre édifice ne se soutiendra pas, vous construisez une ruine.

Avant de faire de l'ouvrier un homme fort, capable (il va sans dire que nous parlons ici de la masse, car il existe de nombreux ouvriers qui réunissent toutes ces qualités), il faut d'abord l'émanciper; aujourd'hui seulement la question sociale se pose résolûment, non par la force, mais par la raison et les intérêts réciproques; procédons d'abord à l'émancipation; ce but rempli, vous apprendrez à l'ouvrier à posséder, à réserver son épargne qui va s'augmenter; il apprendra à diriger à son tour, et lorsque l'heure aura sonné, il pourra devenir maître. Ne mettez pas entre les mains du novice la barre du gouvernail avant qu'il ait acquis des connaissances suffisantes, ou vous ferez sombrer le bâtiment. Il est facile de se rendre compte de l'état misérable actuel de l'ouvrier; son salaire est assez élevé relativement aux produits de son travail, et cependant celui qui voudra examiner son budget sera effrayé de son état misérable.

5 francs par jour représentent la moyenne du salaire de l'ouvrier à Paris; s'il a une femme et deux enfants, il peut suffire à l'existence de sa famille pendant les quinze années de sa jeunesse sans faire d'économies. Arrive l'âge, les forces s'usent, les maladies viennent, l'ouvrier est frappé d'impossibilité, le découragement s'empare de lui, il commence à déserter le domicile conjugal, il cherche l'oubli de ses maux dans les boissons qui deviennent bientôt pour lui une habitude; la famille disparaît et l'hôpital reste le port du salut. Ce n'est pas là heureusement la

marche ordinaire de tous les ouvriers; quelques privilégiés particulièrement doués se font difficilement jour et prennent une place parmi les heureux de la société actuelle, mais ils sont peu nombreux.

Les statistiques des hôpitaux et des décès constatés dans de misérables habitations indiquent surabondamment qu'un trèspetit nombre arrive sinon à la fortune, du moins à l'aisance.

Le patron, de son côté, se plaint de la concurrence, de l'élévation des mains-d'œuvre, il vit aussi mécontent. N'existe-t-il donc pas un terrain où les intérêts communs pourraient se grouper? Cet antagonisme ne peut-il pas disparaître? Je pense que c'est possible et le moyen doit servir à l'ouvrier pour lui permettre de devenir maître un jour.

La participation :

L'ouvrier attelé à son outil, gagnant sa journée, lorsque l'heure a sonné s'inquiétant peu de l'intérêt du patron, laissant indifféremment exécuter le coulage des matières premières, ne représente pas à mes yeux le dernier mot de la production.

Mais si le même ouvrier est intéressé aux bénéfices de la maison qui l'occupe, son rôle changera, son patron ne sera plus son ennemi, l'économie sera sa chose, et au lieu de produire 1 il produira 2.

Au patron nous dirons :

Vous gagnez 100,000 francs par an, accordez aux ouvriers de votre maison 20,000 francs payables par trimestre, ils vous produiront 40,000 francs de bénéfices supplémentaires; partant vous ne faites aucun sacrifice et vous faites de vos ouvriers des associés dévoués et des gens heureux.

Cette petite part deviendrait la fortune de l'ouvrier.

Notre idée a le mérite de n'être pas neuve, elle est déjà mise en pratique par plusieurs industriels, le succès est complet et il est appliqué dans presque toutes les maisons en faveur des employés supérieurs. Faut-il admettre tous les ouvriers à la participation? Non, il faut admettre seulement ceux qui sont dignes de l'être; il ne faut pas que l'inconduite bénéficie de la part qui doit être donnée au travail sérieux; l'ouvrier ne sera admis à la participation qu'après un stage et avec l'adhésion de la majorité des participants.

C'est de cette façon que disparaîtra le paupérisme, et c'est dans l'épargne que l'honnête ouvrier trouvera le capital des sociétés coopératives, les habitudes d'économie, d'ordre et les qualités nécessaires à la gestion d'intérêts importants. Voilà, selon moi, comment doit s'accomplir la transition entre l'avenir et le présent. La participation est le chemin de la coopération. Si je me trompe dans mes prévisions, si de grands penseurs ont trouvé le moyen de faire de l'ouvrier de prime abord un chef manufacturier, habile, expert, économe; s'ils ont trouvé la combinaison qui doit les rendre heureux et riches sans détruire les autres classes de la société, je m'inclinerai humblement devant eux; mais jusqu'à présent tout ce que j'ai lu relativement à ces questions me semble plutôt œuvres de l'imagination que réalités. L'auteur du *Crédit viager en France* se propose de publier prochainement son projet sur la dotation des classes ouvrières.

Il y a dans ce projet, qui capitalise la vie de l'ouvrier, des idées très-pratiques. Le travailleur pourra trouver dans ces combinaisons ingénieuses la sécurité dans l'avenir et le repos dans la vieillesse pour lui et les siens.

Veuillez me croire, mon ami, etc.

DE LA

CONSTITUTION FÉDÉRATIVE

DE LA FRANCE

TITRE PREMIER.

Art. 1. La forme de gouvernement adoptée par le peuple français est la *République fédérative.*

Art. 2. Sa devise est la liberté.

La constitution assure aux citoyens français :

L'égalité la plus absolue devant les lois, la liberté individuelle, la liberté de conscience, la liberté de la presse, d'association, de réunion, d'établissement, le respect de la propriété.

Art. 3. La France sera divisée en autant d'États qu'il existait autrefois de provinces[1].

Ces provinces conserveront leur division par arrondissements, par cantons et par communes.

La division départementale est supprimée.

Aucun des États provinciaux ayant adhéré à la constitution ne peut rompre le lien fédéral qui l'attache à la Confédération.

---

1. Cette division sera conservée autant que possible parce qu'elle groupe mieux que toute autre les mœurs, les intérêts et mêmes les anciens idiomes français.

En cas de sécession d'un État, il serait ramené à la Confédération par toutes les forces réunies des autres États.

Aucun État nouveau ne peut être admis à faire partie de la Confédération française sans le consentement de tous les autres, exprimé par les assemblées provinciales.

ART. 4. Sont abrogés toutes les lois restrictives, les monopoles commerciaux, d'imprimerie, de librairie, les courtiers privilégiés, les entraves apportées à la navigation, etc., etc.

ART. 5. Une loi sera présentée aux Chambres, dans le plus bref délai, indiquant la nomenclature des lois et règlements supprimés, et fixant les indemnités à accorder aux citoyens qui pourront subir des préjudices par suite des changements indiqués.

ART. 6. Le pays sera gouverné par l'assemblée fédérale, les conseils des États provinciaux, les conseils d'arrondissement et les conseils communaux.

ART. 7. Ces différentes assemblées pourront déléguer tout ou partie de leurs pouvoirs à des conseils exécutifs nommés par elles.

ART. 8. L'assemblée fédérale conservera entre ses mains les pouvoirs d'intérêts généraux du pays, en laissant aux assemblées provinciales et communales la direction des intérêts qui leur sont propres.

ART. 9. Les assemblées seront élues par le suffrage universel.

ART. 10. Tous les Français sont électeurs dès l'âge de vingt et un ans; tous les électeurs sont éligibles.

ART. 11. La privation des droits civiques ne pourra être prononcée qu'en matière criminelle.

ART. 12. Les membres de ces assemblées seront élus pour cinq années.

ART. 13. A l'assemblée fédérale il y aura un député d'élu par cent mille habitants.

Toute fraction de cinquante mille habitants et au-dessus comptera pour cent mille.

Art. 14. Les circonscriptions seront fixées par les conseils d'État de chaque province.

Art. 15. Pour être éligible à la Chambre des députés, il faut être Français, électeur et avoir vingt-cinq ans révolus.

Art. 16. La loi qui fixera l'ordre des élections indiquera le nombre de députés à élire pour l'Algérie et les colonies.

TITRE II.

Du fonctionnement des pouvoirs de l'assemblée fédérale.

Art. 17. L'assemblée fédérale se réunira chaque année le 1er décembre, mais elle pourra en autre temps se réunir lorsqu'elle le jugera opportun pour les intérêts du pays.

Art. 18. Aucun obstacle ne peut être apporté au libre exercice de sa souveraineté.

Art. 19. L'assemblée fédérale nomme son président, son bureau, et fixe son règlement.

Art. 20. Les présidents des Chambres, ainsi que les bureaux, sont élus pour une année; ils ne sont pas immédiatement rééligibles.

Art. 21. La Chambre confère à son président tous pouvoirs pour assurer l'inviolabilité de ses délibérations.

Art. 22. Tout commandant des forces publiques qui refuserait d'obéir aux ordres qui lui seraient donnés dans ce but par le président ou les questeurs serait poursuivi comme criminel de forfaiture.

Art. 23. L'assemblée fédérale aura le pouvoir :

1° De veiller à la perception régulière de l'impôt;

2° De régler l'application et l'emploi du budget fédéral;

3° De veiller au payement des dettes publiques;

4° D'emprunter sur le crédit de l'État;

5° De régler les relations commerciales avec l'étranger ;

6° De voter les lois d'intérêt général ;

7° De régler la valeur des monnaies ;

8° De faire les règlements administratifs d'intérêt général ;

9° De déclarer la guerre, faire la paix, organiser les forces de terre et de mer, et en régler l'administration par des lois ;

10° S'assurer au moyen de commissions spéciales si les ordres transmis aux commissaires généraux ont été régulièrement exécutés ;

11° L'assemblée fédérale aura la direction des administrations publiques d'intérêt général :

Les télégraphes ;

Les postes ;

Le domaine de l'État français ;•

Les travaux publics d'intérêt général ;

Les douanes ;

La cour de cassation ;

La cour des comptes ;

Les chemins de fer (grandes lignes);

Les beaux-arts.

12° Elle jugera en dernier ressort les différends qui pourraient survenir entre les États, ou bien encore entre les États et les particuliers ;

13° Elle aura seule le droit de convoquer la mise sur pied de guerre des milices du pays ;

14° Elle réglera les relations avec les puissances étrangères et nommera les consuls et ambassadeurs ;

15° Les écoles spéciales et d'enseignement supérieur sont placées sous la surveillance de l'assemblée.

16° Elle nommera les membres du pouvoir exécutif.

Art. 24. Elle nommera les employés supérieurs aux différentes administrations placées sous sa direction sur une liste décuple présentée par le pouvoir exécutif.

Elle fixera les appointements.

Art. 25. Elle nommera les commissaires qui seront chargés de représenter son autorité auprès des assemblées provinciales.

L'assemblée nommera la commission qui sera chargée des pouvoirs pendant l'intervalle des sessions.

Cette commission sera composée de douze membres et ses décrets ne seront valables que lorsqu'ils seront signés par neuf membres au moins.

Ces commissaires seront choisis au dehors ou parmi les membres de l'assemblée.

Art. 26. Les déclarations de guerre se feront en comité secret.

Art. 27. L'assemblée se constituera en comité secret toutes les fois que l'intérêt du pays l'exigera.

Art. 28. L'initiative des lois appartient aux Chambres, aux pouvoirs judiciaires et à tous les citoyens.

Art. 29. L'assemblée fédérale recevra les pétitions des citoyens.

Art. 30. L'assemblée fédérale est gardienne de la constitution, qui sera toujours essentiellement perfectible.

Art. 31. Toute pétition qui serait signée par cent mille citoyens demandant la révision d'un article de la constitution obligera l'assemblée à mettre l'article en discussion.

Art. 32. Les projets de loi votés par les assemblées provinciales seront enregistrés par l'assemblée fédérale, qui déclarera qu'ils ne sont point inconstitutionnels.

Art. 33. Les fonctions de député sont gratuites dans les assemblées; toutefois, pour faciliter l'élection des citoyens de toutes classes, une indemnité de séjour fixée par les Chambres sera accordée à tous les députés qui en feront la demande.

Art. 34. L'assemblée fédérale décrétera la mise en accusation des membres du pouvoir exécutif ou des chefs d'administration prévenus de dilapidation des fonds publics ou de haute trahison.

Art. 35. L'assemblée fédérale aura son siége dans l'État de

Paris ; toutefois elle pourra le transporter dans tel lieu qui lui semblera convenable pour sa sécurité.

TITRE III.

Des États provinciaux, des assemblées.

Art. 36. Chaque État sera gouverné par une assemblée provinciale élue dans les mêmes conditions d'éligibilité que l'assemblée fédérale.

Art. 37. Ce pouvoir, après son élection, choisira parmi ses membres ses président et vice-présidents élus pour une année et non immédiatement rééligibles.

Art. 38. L'assemblée se composera d'autant de membres qu'il y a de cantons dans la province.

Elle siégera dans la ville de la province qui aura le plus grand nombre d'habitants.

Elle aura tous les pouvoirs législatifs sans pouvoir empiéter sur les attributions de l'assemblée fédérale, en se conformant aux lois fondamentales indiquées par la constitution.

Elle surveillera la perception de l'impôt.

Elle votera les emprunts sollicités par les communes.

Elle recevra les commissaires fédéraux.

Elle sera compétente pour voter les crédits nécessaires à la dépense des travaux d'intérêts provinciaux.

Elle se réunira toutes les fois qu'il sera utile ou qu'elle le jugera convenable aux intérêts de l'État.

Elle désignera les administrateurs qui devront faire exécuter ses ordres.

Elle nommera ou révoquera tous les employés administratifs,

Fixera leur traitement,

Commissionnera les fonctionnaires,

Réglementera la chasse et la pêche.

Elle gérera les biens provinciaux.

Art. 39. L'assemblée provinciale pourra dissoudre une assemblée communale qui abuserait de son mandat, par une loi motivée contenant la convocation immédiate des électeurs pour la nomination d'une nouvelle municipalité.

Art. 40. En cas de conflit entre les pouvoirs, le conseil fédéral, jugeant en dernier ressort, pourra être saisi de la discussion.

Art. 41. Il est expressément interdit aux assemblées provinciales de provoquer une prise d'armes des milices de la province sans ordre de l'assemblée fédérale.

Art. 42. Il ne peut être dérogé à l'article qui précède que pour cause de conflit, invasion ou agression justifiée. En ce cas le conseil fédéral doit être immédiatement averti par les moyens les plus rapides.

TITRE IV.

Du Conseil d'arrondissement.

Art. 43. Ce conseil sera élu dans les mêmes conditions d'éligibilité indiquées pour les autres assemblées.

Il se réunira une fois l'an dans le chef-lieu d'arrondissement, ou plus souvent si les affaires réclament sa présence.

Il y aura un conseiller d'élu par canton.

Art. 44. Il apurera les comptes des communes,

Discutera les intérêts propres à l'arrondissement,

Fera connaître à l'assemblée provinciale les aspirations et vœux des populations tant au point de vue matériel qu'au point de vue politique.

Art. 45. Les président et vice-présidents seront nommés pour la session et ne seront pas immédiatement rééligibles.

Il sera élu un conseiller par canton.

TITRE V.

De la Commune.

Art. 46. Les conseils municipaux se composeront d'autant de membres qu'il y a de fois deux mille habitants dans la commune, sans que le nombre des conseillers puisse être supérieur à soixante, ni inférieur à dix membres.

Art. 47. Les fonctions de ces différents conseils sont gratuites et incompatibles avec des fonctions salariées.

Art. 48. Des commissions spéciales seront désignées par les conseils pour veiller à l'exécution de leurs décisions et emploi de fónds pendant l'intervalle des sessions.

Art. 49. Les communes pourront, à l'aide de centimes additionnels, s'imposer extraordinairement, sans que la quotité de cet impôt puisse s'élever au delà de 25 pour 100 du principal.

Art. 50. Les conseils précités pourront s'assembler toutes les fois qu'ils le jugeront opportun pour leurs intérêts.

Les conseils municipaux auront pleins pouvoirs pour voter le budget de la commune et discuter en toute liberté pour ce qui concerne ses intérêts propres.

Art. 51. La direction de la police municipale leur appartient exclusivement.

Art. 52. Les maires et adjoints seront désignés, dans les élections, par celui des suffragants qui aura réuni le plus grand nombre de voix aux élections municipales; le premier sera maire, le second sera 1er adjoint, le troisième 2me adjoint, etc., etc.

Art. 53. Les villes devront mettre à la disposition de l'état-major les arsenaux nécessaires à placer les armements de l'État provincial, ainsi que les casernes destinées à la réunion des contingents appelés.

DE LA COMMUNE DE PARIS.

Art. 54. Par dérogation à ce qui précède, la ville de Paris, capitale de la Confédération et siége de l'assemblée fédérale, n'aura pas d'assemblée provinciale ni d'arrondissement.

Art. 55. Le conseil communal réunira entre ses mains les attributions des trois assemblées; il sera conseil provincial et communal, jouissant des droits communs aux autres provinces françaises. Cette situation se trouve commandée par la topographie de Paris; l'État de Paris ne comprenant que la ville même, qui sera limitée par une distance de cinq cents mètres de ses forts avancés. Les communes placées en dehors des fortifications conserveront leur autonomie communale, elles relèveront de Paris au point de vue de l'assemblée provinciale.

Art. 56. Il sera établi des forts ou camps retranchés servant de limites à l'État de Paris, à Choisy-le-Roi, Sucy, la Queue-en-Brie, Cœully, Villiers, Noisy-le-Grand, Chelles, le Raincy, au Bourget, Montmagny, Sannois, Argenteuil, Houilles, Croissy, la Celle, Meudon, Châtillon, l'Hay.

L'état-major déterminera les points où se placeront ces forteresses.

TITRE VI.

Droit commun à tous les États.

DE L'IMPÔT.

Art. 57. Les impôts directs, indirects, mobiliers, du timbre, de l'enregistrement, les droits réunis, les octrois, sont abolis.

Art. 58. Une loi établira la perception d'un impôt unique et proportionnel sur la fortune mobilière et immobilière.

Art. 59. L'impôt foncier sera basé sur une évaluation équitable :

Art. 60. L'impôt mobilier sur la déclaration des citoyens.

Art. 61. L'impôt sur les opérations commerciales sera appliqué sur l'état de fortune des commerçants et sur leur déclaration.

Art. 62. La loi indiquera les pénalités encourues par les citoyens qui feraient de fausses déclarations.

Art. 63. Les bureaux d'enregistrement seront conservés pour garantir aux actes civils une date certaine, mais le droit à percevoir ne pourra, en aucun cas, dépasser le montant des frais de gestion de ses bureaux.

Art. 64. Le pouvoir exécutif est autorisé par la présente constitution à ouvrir des négociations avec tous les États étrangers pour arriver à l'abolition des droits de douane.

En attendant, des droits suffisamment protecteurs seront perçus, conformément à des tarifs qui seront soumis aux Chambres, et les fonds provenant de cette perception seront entièrement consacrés à l'amortissement de la dette publique.

Art. 65. Une loi des finances fixera chaque année : le chiffre de l'impôt et sa répartition. Une partie sera destinée à la commune, une partie à l'État provincial, une partie à la Confédération.

Art. 66. La loi des finances indiquera l'indemnité à accorder aux employés qui seront déclassés par suite des changements indiqués.

TITRE VII.

Intérieur.

Art. 67. Le secret des lettres est absolu.

Art. 68. La presse est entièrement libre, sans autres restrictions que l'observation des bonnes mœurs et le respect de la vie privée.

Art. 69. Le télégraphe recevra des dépêches chiffrées, sans

que le public soit tenu de faire connaître ses combinaisons.

Le télégraphe sera employé également au payement de sommes d'argent sur tous pays, moyennant un droit des plus minimes.

Art. 70. La police cesse de faire partie du ministère de l'intérieur; elle sera exclusivement placée entre les mains des juges d'instruction, de ses mandataires et des municipalités.

Art. 71. Le service des prisons sera amélioré; le pénitencier de Cayenne sera supprimé et remplacé par un lieu plus salubre.

Les prisonniers seront autant que possible employés aux travaux des champs. Des écoles seront instituées pour les instruire et les éclairer. L'État fera les plus grands efforts pour la régénération de ces classes et leur moralisation.

TITRE VIII.

De la Justice.

Art. 72. Le budget des cultes est supprimé.

Art. 73. L'exercice de toute religion est libre.

Il pourra donc s'exercer dans les églises, temples ou maisons qui seront destinés à cet usage.

Art. 74. Il est ouvert au ministère de la justice un crédit destiné à payer une indemnité ou à servir une pension aux desservants avec lesquels l'État se trouve engagé.

Art. 75. L'État garantit aux diverses communions l'exercice de leur culte.

Leurs membres devront, à cet effet, se réunir pour désigner un conseil pour les représenter et pourvoir eux-mêmes aux besoins de leur culte comme ils le jugeront convenable, sans immixtion de la part de l'État.

Les assemblées traitant d'intérêts religieux auront un caractère essentiellement privé. Il est interdit formellement aux chambres assemblées ou conseils communaux de traiter de ces matières en audience publique ou en comité secret.

ART. 76. Les propriétés des communautés religieuses seront respectées, à la condition par elles de se conformer à la loi commune sur l'impôt et les autres lois du pays.

ART. 77. Quelque regrettable que soit, pour la prospérité de l'État, le célibat établi par les communautés religieuses, la liberté étant la base de la constitution, les autorités devront respecter la claustration dans les communautés où elle est instituée par règlement.

Un commissaire spécial, accompagné d'un mandataire désigné par l'évêque ou le chef religieux du lieu où se trouve l'établissement, visitera les cloîtrés et s'assurera en les interrogeant individuellement s'ils sont volontairement reclus.

Ces maisons seront assujetties aux lois sur l'état civil, en ce qui concerne les actes mortuaires.

ART. 78. Les monuments dits historiques seront entretenus aux frais de l'État par la direction des arts et sciences.

ART. 79. Le domicile est inviolable.

ART. 80. Nul ne peut être arrêté ou détenu sans un mandat du juge d'instruction, lequel ne sera délivré par ce dernier que dans le cas de flagrant délit.

ART. 81. Les tribunaux exceptionnels sont supprimés.

ART. 82. La peine de mort est abolie, sauf le cas d'état de siége en matière militaire.

ART. 83. Aucune loi ne protégera les fonctionnaires prévaricateurs, et tous les citoyens pourront poursuivre devant les tribunaux ordinaires les abus de pouvoirs dont ils auraient à se plaindre de la part des fonctionnaires publics.

ART. 84. La justice est rendue gratuitement au nom de la République.

DES POUVOIRS JUDICIAIRES.

ART. 85. Les pouvoirs judiciaires sont :

1º La cour de cassation ;

2º La cour des comptes ;

3º Les cours d'appel ;

4º Les tribunaux civils ;

5º Les tribunaux de commerce ;

6º Les tribunaux de prud'hommes ;

7º Les justices de paix ;

8º En matière administrative, les conseils provinciaux et d'arrondissement.

DE LA COMPÉTENCE DES TRIBUNAUX ET DE LEUR ORGANISATION.

ART. 86. La cour de cassation juge en dernier ressort des matières civiles, administratives, criminelles, militaires.

ART. 87. Elle est composée de soixante membres.

ART. 88. Elle est assistée d'un procureur général et de dix avocats généraux.

ART. 89. Elle interprète et fait appliquer les lois.

ART. 90. La cour des comptes règle et vérifie les pièces justificatives des dépenses budgétaires et autres.

ART. 91. Ses membres peuvent faire comparaître devant eux tous les fonctionnaires pour leur demander des explications sur des pièces qui leur paraîtraient douteuses.

ART. 92. Ils peuvent ouvrir des enquêtes et, par ordonnance motivée, renvoyer devant les juges compétents les employés prévaricateurs.

ART. 93. Les magistrats de ces deux cours sont nommés par les Chambres sur une liste double, dressée et présentée par le pouvoir exécutif à l'assemblée fédérale, et choisis parmi les conseillers de toutes les cours d'appel de France.

DES COURS D'APPEL.

Art. 94. Les cours d'appel actuellement existantes sont supprimées, diminuées d'importance et remplacées par une cour d'appel instituée dans chaque province.

Art. 95. Ces cours reçoivent les appels des tribunaux civils, commerciaux et administratifs.

Art. 96. Des conseillers désignés président les assises du grand jury et du jury ordinaire.

Art. 97. Le parquet, la chambre d'accusation et la chambre des appels de police correctionnelle sont supprimés.

Art. 98. Les membres des cours d'appel sont nommés à l'élection au suffrage universel par le département, pour cinq ans.

Art. 99. Pour être éligible il faut être Français, docteur en droit ou avoir exercé pendant cinq ans la profession d'avocat ou de juge auprès des tribunaux civils.

Art. 100. Une loi fixera le traitement des conseillers, ordonnera le nombre des chambres à former et conseillers à élire.

Art. 101. Les présidents et vice-présidents seront nommés par les conseillers réunis, pour une année; les présidents ont la police de l'audience, le titre est purement honorifique.

DES TRIBUNAUX ORDINAIRES.

Art. 102. Les parquets sont supprimés.

Art. 103. Il sera créé un tribunal civil dans chaque arrondissement, la loi fixera les honoraires et le nombre des juges de chaque arrondissement.

Art. 104. Les fonctions judiciaires exécutives sont dévolues aux juges d'instruction ou à leurs suppléants, ils ont le pouvoir de décerner tout mandat d'amener en cas de flagrant délit.

Art. 105. Les tribunaux correctionnels sont supprimés, tout

délit emportant la peine de la prison sera du ressort du jury, tout délit emportant la peine de l'amende sera du ressort du juge de paix.

Art. 106. Les tribunaux civils connaîtront des affaires civiles en premier ressort et en dernier ressort jusqu'à la somme de 1,000 francs; ils connaîtront des appels de la justice de paix.

Art. 107. Les juges seront nommés à l'élection par les électeurs de l'arrondissement.

Art. 108. Pour être éligible, il faut être Français, licencié en droit ou avoir été pendant cinq ans juge de paix, avoué, avocat ou agréé près d'un tribunal de commerce.

Art. 109. Les présidents et les vice-présidents sont nommés par les juges élus, pour une année.

Art. 110. Les présidents ont la police de l'audience, le titre de président est simplement honorifique.

DES TRIBUNAUX DE COMMERCE.

Art. 111. Les tribunaux de commerce sont maintenus tels qu'ils existent, mais les membres seront élus par tous les commerçants de l'arrondissement.

Art. 112. Les membres composant les tribunaux de prud'hommes seront élus par tous les ouvriers et patrons réunis.

DU FONCTIONNEMENT DES TRIBUNAUX.

Art. 113. La justice est rendue gratuitement, tous les magistrats sont chargés de veiller au maintien, à l'exécution des lois. Les robes, costumes et déguisements quelconques sont abolis. Le magistrat élu trouvera dans sa dignité et dans le respect de ses concitoyens la majesté nécessaire pour remplir ses fonctions.

Art. 114. Les magistrats seront éligibles pendant toute leur vie sans limite d'âge.

Art. 115. Les citoyens sont les gardiens de la constitution; ils doivent aide et protection aux fonctionnaires représentant l'autorité.

Art. 116. Le code de procédure civile et le code pénal seront revisés.

Art. 117. Les études d'avoué sont supprimées, les huissiers seront chargés de faire les actes indispensables à la procédure, les avocats seront chargés des conclusions.

Art. 118. Les assignations et sommations se feront par lettre chargée à la poste (sous plis sans enveloppe) après enregistrement, le récépissé motivé de la poste sera remis au greffier, qui effectuera la mise au rôle.

Art. 119. Des indemnités seront allouées aux avoués qui subiront un préjudice par suite du nouvel ordre judiciaire.

Art. 120. Les bureaux d'enregistrement doivent se conformer au règlement de perception établi par la présente constitution pour les actes notariés, le droit sera des plus minimes et en rapport avec les frais de gestion desdits bureaux.

Art. 121. Les citoyens pourront se faire représenter devant les tribunaux par les personnes qui seront désignées par eux.

Les mandataires seront pourvus de procurations dûment légalisées et enregistrées, où ils seront assistés du plaideur, présent à l'auditoire.

Art. 122. Les crimes et délits emportant des peines afflictives ou infamantes ou la prison sont soumises au jury.

Le jury sera composé de tous les citoyens électeurs, sans triage. L'accusé aura seul le droit de récusation. Le jury sera appelé par la voie du tirage au sort.

Art. 123. Lorsque un crime ou un délit a été commis, s'il y a flagrant délit, le juge lance un mandat d'amener; le citoyen arrêté doit être interrogé dans les vingt-quatre heures, et, s'il est reconnu coupable, renvoyé devant le jury ou remis en liberté s'il est innocent. Lorsque le crime ou le délit sont portés à la connaissance du juge par suite de plainte, le juge se rend compte de l'opportunité de la poursuite et, s'il y a lieu, porte la plainte devant le grand jury dit d'accusation, qui accorde ou refuse l'autorisation d'arrêter le prévenu ; en cas d'arrestation par suite d'un arrêt du grand jury, le mandat doit en faire mention.

ART. 124. La défense la plus large sera toujours accordée à l'accusé.

ART. 125. Le réquisitoire sera fait par un des conseillers de la cour délégué à cet effet.

ART. 126. Le président résumera les débats et posera les questions qui devront être soumises au jury.

ART. 127. Il devra faire connaître sur un état qui sera dressé par le greffier et remis au chef du jury quelles seront les conséquences de son verdict, dans le cas où il répondrait oui ou non, avec ou sans l'admission des circonstances atténuantes en faveur de l'accusé. La défense pourra également exposer au jury les mêmes conséquences.

ART. 128. Le bénéfice de l'acquittement profitera toujours à l'accusé ou au délinquant, le ministère public ne pourra appeler *a minima.*

ART. 129. Le prévenu pourra appeler en sa faveur des jugements ou arrêts qui le condamneront même à l'amende.

ART. 130. Le ministère public pourra toujours appeler au point de vue de l'application de la loi.

ART. 131. Les tribunaux devront prononcer les jugements de manière à ce que la partie gagnante se trouve complétement indemnisée du procès engagé; des dommages et intérêts représentant le temps perdu, faux frais et dérangements, seront prononcés au profit du gagnant. Le juge devra mettre à la charge de la partie qui succombera les honoraires de l'avocat qui seront fixés par le magistrat, sans avoir égard aux anciens tarifs. Ces honoraires seront en rapport avec l'importance de la cause.

Les magistrats devront également prononcer, en faveur d'un

accusé déclaré innocent, une indemnité qui sera la juste rémunération du préjudice causé.

La réparation sera supportée par l'État.

Une révision de la législation en matière de faillite sera faite dans le plus bref délai.

Les appointements de la magistrature devront être élevés à la hauteur des fonctions importantes qu'elle est appelée à remplir, de manière à leur assurer la plus large indépendance.

TITRE IX.

De la Guerre.

Art. 132. Les armées permanentes sont abolies et remplacées par l'armement en masse de tous les citoyens.

Art. 133. L'armée française prend le nom de garde nationale.

Art. 134. La garde nationale comprend : 1° l'élite; 2° la garde nationale proprement dite du premier ban de marche; 3° la garde dite sédentaire.

Art. 135. L'élite se divise en deux sections : la partie active et la réserve. Elle comprend tous les citoyens de vingt à trente ans.

Art. 136. La durée du service effectif est de quinze mois.

Art. 137. A l'expiration de ce service, les citoyens passent dans la réserve jusqu'à l'âge de trente ans.

Art. 138. Les gardes d'élite de la réserve peuvent contracter mariage sans autorisation.

Art. 139. Tout citoyen français en état de porter les armes est militaire dès l'âge de vingt ans accomplis, sans exception pour aucune classe de citoyens.

Art. 140. Une mauvaise santé et une constitution débile sont les seuls cas d'exemption du service militaire.

Art. 141. Les hommes de petite taille serviront dans le corps des infirmiers ou ouvriers hors rangs.

Art. 142. Le remplacement est interdit.

Art. 143. Les veuves et les familles laissées sans soutien par le départ des enfants devenus militaires seront à la charge des communes et de l'État.

Art. 144. Le service militaire de l'élite se fera soit dans les casernes, soit dans les camps.

Art. 145. Les contingents seront appelés par quart de trois en trois mois, de façon à conserver toujours sous les drapeaux un groupe important de gardes instruits.

Art. 146. Les gardes de l'élite, à l'expiration de leur instruction, passent dans les gardes d'élite de la réserve.

Art. 147. Les gardes de la réserve seront réunis chaque année pendant un temps qui ne pourra dépasser quinze jours dans les camps où ils opéreront les grandes manœuvres, ils ne pourront être appelés que dans les corps ou armes où ils auront déjà servi.

Ils voyageront aux frais de l'État.

Art. 148. Les gardes de la réserve seront soumis pendant la durée de leur service aux revues, inspection d'armes et manœuvres de la garde nationale proprement dite aux lieux de réunions ordinaires.

Art. 149. Les délégués à la guerre pourront accorder des dispenses de service aux gardes de la réserve, professeurs, prêtres, rabbins, pasteurs, comme aussi ces dispenses devront être rigoureusement refusées pendant les quinze mois d'instruction militaire.

Art. 150. La garde nationale est composée :

De l'infanterie ;
De l'artillerie et du train ;
Du génie ;
De la cavalerie.

Art. 151. L'infanterie portera un costume régulier; tous les autres corps sont supprimés.

Art. 152. La cavalerie se divisera en deux classes :

La cavalerie légère;

La cavalerie de ligne.

La cavalerie légère sera établie sur le pied des chasseurs d'Afrique.

La cavalerie de ligne portera un uniforme régulier.

Art. 153. Tous les uniformes de l'armée seront sombres de couleur, commodes, sans dorure ni galons.

Art. 154. Ceux des officiers seront en campagne en tous points semblables à ceux des soldats, avec une marque distinctive.

Art. 155. Les compagnies hors rangs seront rétablies, mais elles ne seront pas armées; elles serviront à utiliser les hommes de petite taille. Il sera créé dans le même but des corps de brancardiers et d'infirmiers.

Art. 156. Une section d'intendance sera attachée à chaque corps, afin que les troupes soient pourvues abondamment de vivres, munitions, etc., etc.

Art. 157. Il sera créé en outre des corps ci-dessus désignés un corps administratif comprenant : les télégraphes, les chemins de fer, les infirmiers organisés militairement.

Art. 158. Les chefs de corps examineront avec la plus grande attention les fournitures faites aux armées tant à l'ordinaire qu'à l'équipement, et veilleront à ce qu'il ne soit rien détourné de ce qui lui est destiné.

Art. 159. Des cadres, des officiers, de l'avancement :

Les jeunes gens qui se destineront à l'art militaire devront entrer dans les écoles spéciales ou suivre les cours publics pendant leur service au régiment.

Art. 160. Nul ne pourra être créé officier sans subir les examens dont le programme sera arrêté par l'état-major.

Art. 161. Les officiers de l'élite seront tous nommés au choix après examens.

Art. 162. Les cadres effectifs de l'élite devront être assez importants pour recevoir toute la réserve de l'élite, qui pourra en cas de guerre être appelée sous les drapeaux par l'assemblée fédérale.

Art. 163. L'armée actuelle sera licenciée, les soldats seront classés ainsi qu'il est indiqué dans la constitution ; des officiers déclarés capables seront, immédiatement réintégrés dans le grade qu'ils pourront occuper. Ceux frappés d'incapacité seront licenciés, leur retraite sera liquidée et ils pourront entrer dans la vie civile.

Art. 164. Il sera créé une école d'état-major spéciale sous la direction d'une commission de l'assemblée fédérale.

Art. 165. Les officiers généraux conservés à l'activité, assistés d'une commission d'ingénieurs, de la commission de la guerre, formeront l'état-major général. Cet état-major fera les études nécessaires pour mettre le pays à la hauteur des armements nouveaux.

Il aura le commandement de l'armée sous les ordres de l'assemblée fédérale représentée par la commission de la guerre ou son mandataire.

GARDE NATIONALE PROPREMENT DITE.

PREMIER BAN DE MARCHE. — GARDE SÉDENTAIRE.

Art. 166. Le premier ban de la garde nationale dit de marche comprend tous les citoyens de trente à quarante ans, ils sont soumis aux exercices, revues, inspections d'armes et passibles des peines disciplinaires pour négligence dans le service.

Art. 167. Les officiers, jusques et y compris le grade de capitaine, sont nommés à l'élection.

Les commandants sont nommés par l'état-major et soumis aux mêmes examens que les officiers de l'élite.

Art. 168. Les bataillons de marche ne peuvent être mobilisés que par décision de l'assemblée fédérale en cas de guerre.

Aussitôt après leur entrée en campagne, ils sont soumis à la solde et aux lois militaires de l'élite de la garde nationale.

Art. 169. La garde nationale sédentaire se compose de tous les citoyens valides âgés de plus de quarante ans. A l'âge de cinquante-cinq ans les gardes nationaux sont dispensés de tous services, s'ils le désirent et le demandent.

Art. 170. Elle nomme ses chefs à l'élection.

Art. 171. La garde nationale sédentaire ne peut être déplacée, mais elle peut être concentrée sur un point menacé de la province menacée ou envahie. Dans ce cas, elle doit occuper une forteresse ou une caserne, sans jamais être astreinte au campement.

Art. 172. Elle nomme ses chefs à l'élection. Toutefois les candidats aux grades supérieurs devront, au préalable, subir un examen de l'état-major constatant leurs capacités. Les officiers ayant servi dans les mêmes grades dans l'élite ou dans le ban de marche seront dispensés de l'examen.

DES FORTERESSES.

Art. 173. Toutes les villes fortifiées de France seront déclassées, désarmées, et leurs murailles ne serviront plus qu'à les mettre à l'abri d'un coup de main.

Elles seront remplacées par des forts ou camps retranchés, d'où seront exclues toutes constructions civiles.

Art. 174. La ville de Paris conservera seule sa position militaire comme capitale fédérale.

Une double enceinte de forts sera établie aux points arrêtés par l'état-major.

CORPS SPÉCIAL.

Art. 175. Indépendamment des corps susindiqués, il sera créé un corps spécial de carabiniers destiné à poursuivre les malfaiteurs et à la surveillance des prisons ; il sera placé sous le commandement des juges d'instruction, des pouvoirs judiciaires et des municipalités.

Art. 176. Une loi fixera leurs attributions et leur nombre ; il sera établi autant que possible des brigades à pied.

MARINE.

Art. 177. L'inscription maritime est supprimée.

Art. 178. La marine se recrutera comme l'armée et avec les mêmes lois.

Art. 179. Le droit de naviguer au long cours et au cabotage est entièrement libre.

Art. 180. Il est interdit aux capitaines qui n'auraient pas subi leurs examens d'embarquer des passagers sur leurs bords ; en cas de contravention, l'armateur est responsable.

Art. 181. Toute espèce de navires pourront circuler en toute liberté sur les mers, rivières et fleuves français.

Art. 182. Les droits de pilotage, les droits de ports et toute espèce d'entraves à la liberté de la navigation sont abolis.

Art. 183. Les droits de surtaxe des pavillons seront abolis avec tous les pays étrangers qui admettront la réciprocité.

Art. 184. La loi sur l'armée fixera la solde des troupes de la marine.

Art. 185. La marine recevra des engagés volontaires.

TITRE X.

Instruction publique.

Art. 186. L'instruction publique primaire est gratuite et obligatoire.

Art. 187. Les maires et adjoints devront refuser d'inscrire

sur les listes les jeunes électeurs qui ne sauraient lire et écrire à la prochaine législature (1876).

ART. 188. Les absences des écoles seront constatées par l'instituteur sur un registre dont ampliation sera adressée au juge de paix, qui prononcera l'amende contre la famille.

ART. 189. Une loi fixera les règlements en cette matière.

ART. 190. L'instruction à tous les degrés sera libérale et civique : les instituteurs porteront à la connaissance des élèves les devoirs qu'ils ont à remplir envers l'État.

L'instruction religieuse ne fait pas partie du programme des classes; sur la demande des parents, les élèves pourront suivre des cours spéciaux d'enseignement religieux.

La constitution interdit à toute assemblée provinciale ou communale de porter atteinte aux bases fondamentales de l'enseignement, qui sera toujours élevé, libéral et républicain.

ART. 191. L'instruction est entièrement libre; tout le monde peut professer, à la condition de faire connaître au public le programme des études que l'on se propose de faire suivre aux élèves.

ART. 192. Il sera ouvert par les assemblées provinciales un crédit destiné à la création d'écoles professionnelles spécialement destinées aux filles.

ART. 193. Les écoles spéciales militaires et supérieures actuellement existantes à Paris restent sous la direction de l'assemblée fédérale.

Il est loisible aux assemblées provinciales d'ordonner la création d'établissements semblables qui fonctionneront sous leur direction.

ART. 194. Dans les lycées et écoles publiques une partie des récréations de la semaine pourra être employée à apprendre le maniement des armes aux jeunes gens qui ont atteint l'âge de seize ans.

TITRE XI.

Travaux publics.

Art. 195. La suppression des armées permanentes mettra à la disposition du pays des ressources importantes qui devront être appliquées à la continuation de réseaux des chemins de fer, à l'assainissement et à l'agrandissement des ports, en un mot à la prospérité des travaux de la paix.

Art. 196. Un projet de loi, qui devra être voté d'urgence, autorisera la commission des travaux publics à traiter avec les compagnies de chemins de fer de manière à abaisser des trois quarts les tarifs pour le transport des marchandises et des voyageurs.

Art. 197. Le ministre devra également obliger les compagnies à donner au voyageur la sécurité qu'il réclame en vain depuis plusieurs années, en faisant communiquer les wagons par un chemin de surveillance établi dans toute la longueur du train, comme cela existe en Allemagne et en Suisse.

Ces compagnies devront également pourvoir au chauffage, pendant l'hiver, des wagons de toutes classes.

Art. 198. Un traité devra intervenir avec les compagnies de manière à leur offrir des garanties d'indemnité, dans le cas où les recettes seraient amoindries dans les premiers temps de l'exploitation, par suite des changements projetés.

Art. 199. La commission des travaux publics se préoccupera également des travaux d'endiguement des rivières et de desséchement des marais, qui sont des plus urgents.

TITRE XII.

Agriculture et Commerce.

Art. 200. L'agriculture et le commerce affranchis de toutes entraves sont appelés à prendre un grand essor.

L'abolition de l'impôt du sel,

La libre culture du tabac,

L'abaissement des taxes des chemins de fer,

L'abolition de l'impôt sur les transactions,

L'abolition des redevances, péages de canaux, etc.

L'achèvement des réseaux de chemins de fer, des routes, des chemins vicinaux, etc.,

Enfin l'abolition des droits réunis et octrois :

Tels sont les ressorts nouveaux que le commerce et l'agriculture vont acquérir par la nouvelle constitution.

Art. 201. L'État encouragera l'établissement de nouvelles institutions de crédit, afin de donner à cette branche du pays si utile et si négligée par les précédents gouvernements tout le développement qu'elle comporte.

TITRE XIII.

Affaires étrangères.]

Art. 202. A l'avenir les relations avec les puissances étrangères se traiteront publiquement. Les lettres et dépêches seront publiées dans le *Journal officiel.*

Art. 203. La France inscrit dans sa constitution qu'elle ne désire aucun agrandissement territorial, elle reconnaît comme un droit public la faculté acquise à chaque peuple de se constituer comme il l'entend.

Art. 204. Les consuls devront accorder à nos nationaux une protection efficace.

TITRE XIV.

Sciences et Beaux-Arts.

Art. 205. Les Chambres désigneront une commission qui sera chargée de protéger les arts et sciences pour développer et encourager ces branches de production si précieuses pour notre pays.

Cette commission présidera aux travaux des artistes, réunis en société s'administrant elle-même. Une loi établira ses pouvoirs et ses rapports avec la Commune de Paris et l'assemblée fédérale.

Art. 206. Une loi réglera le fonctionnement des rapports de l'État avec les sociétés savantes.

Des fonds importants seront consacrés en acquisitions d'objets artistiques, en explorations et découvertes.

TITRE XV.

Colonies et Algérie.

Art. 207. Les colonies et l'Algérie jouiront des mêmes institutions que la mère patrie.

Les députés élus par le suffrage universel siégeront dans les Chambres françaises,

TITRE XVI.

Art. 208. La présente Constitution servira de pacte fondamental entre le pays et ses mandataires.

Elle est essentiellement perfectible.

Les modifications se feront à titre additionnel sur la proposition signée de trente membres de l'assemblée fédérale.

Les Chambres provinciales seront consultées et la discussion s'ouvrira d'urgence.

Elle propose la création d'un congrès universel se réunissant une fois chaque année, jugeant en dernier ressort toutes les contestations qui pourraient surgir entre les États européens.

FIN.

PARIS. — J. CLAYE, IMPRIMEUR, 7, RUE SAINT-BENOIT. — [181]